सितारों के आगे भी एक जहाँ है

यह पुस्तक उन लोगों के लिए है जो अपनी कल्पनाओं से
कहीं अधिक अमीर बनना चाहते हैं

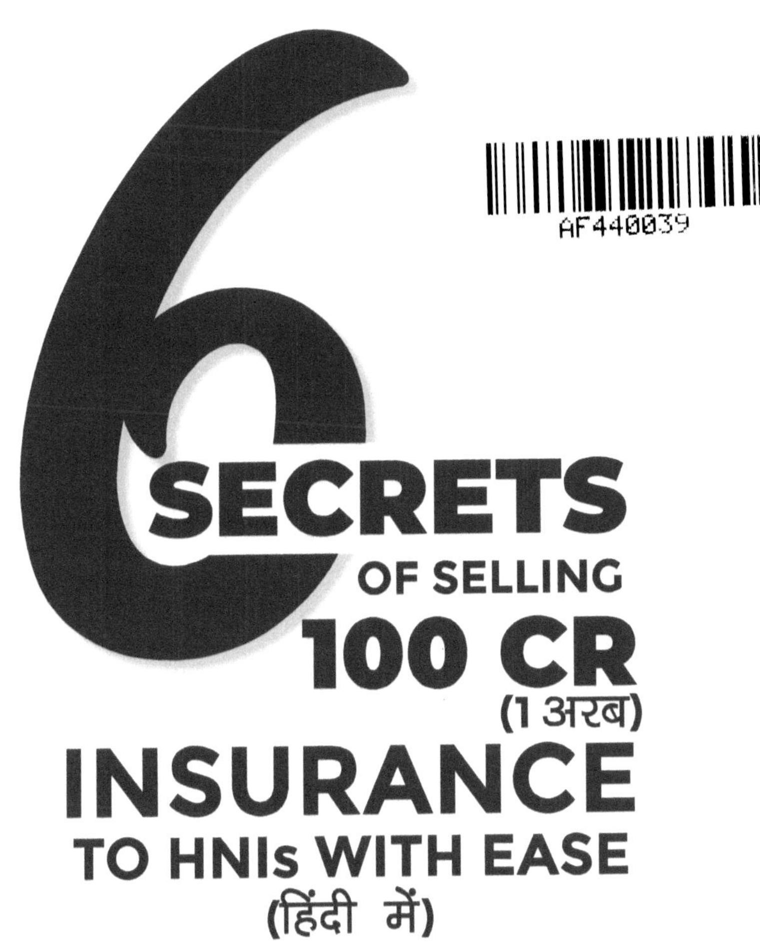

रणधीर भल्ला

Published Internationally by

Pendown Press
Powered by Gullybaba.com

PENDOWN PRESS

Powered by **Gullybaba Publishing House Pvt. Ltd.,**
An ISO 9001 & ISO 14001 Certified Co.,
Regd. Office: 2525/193, 1st Floor, Onkar Nagar-A, Tri Nagar,
Delhi-110035
Ph.: 09350849407, 09312235086
E-mail: info@pendownpress.com
Branch Office: 1A/2A, 20, Hari Sadan, Ansari Road,
Daryaganj, New Delhi-110002
Ph.: 011-45794768
Website: PendownPress.com

First Edition: 2021
Price: ₹399/-
ISBN: 978-93-90557-90-5

Layout Design: Pendown Press Publishing

Printed and bound in India by Thomson Press India Ltd.

अर्पण
Dedication

यह पुस्तक मेरे स्वर्गीय पिता श्री के.सी. भल्ला को समर्पित है जो एक गर्वित LICian थे। उन्होंने मेरे जीवन में मुझे बहुत से मूल्य प्रदान किए और मेरी विचार प्रक्रिया में प्रतिबद्धता और संतुष्टि की भावना पैदा की, क्योंकि वे मुझे हमेशा कबीर का एक दोहा सुनाते थे...

''साईं इतना दीजिये, जामे कुटुम्ब समाय ।
मैं भी भूखा न रहूँ, साधु न भूखा जाय ॥''

विषय-सूची
Content List

किताब के बारे में
About The Book

एक राज़ बताता हूँ! प्रत्येक बीमा विक्रेता अपने जीवनकाल के दौरान कम से कम एक बड़ा बीमा जो ₹100 Cr (1 अरब) से अधिक का हो, बेचने का ख्वाब देखता है क्योंकि यह उसे भीड़ से अलग कर सकता है और उसे एक पूरी तरह से अलग कतार में रख सकता है। लेकिन कुछ ही विक्रेता इस जीवनकाल के अपने सपने को साकार कर सकते हैं।

इस पुस्तक में, लेखक रणधीर भल्ला एच.एन.आई. (HNIs) के साथ काम करने के अपने वर्षों के अनुभव का वर्णन करते हैं, उनकी गहरी गुप्त इच्छाओं (Needs) का विश्लेषण करते हैं और फिर अंत में, उन तरीकों को पेश करते हैं जो वास्तव में अनूठे हैं, जिन्हें अनदेखा करना या नजरंदाज करना तकरीबन नामुमकिन है।

पुस्तक में एच.एन.आई. (HNIs) को उच्च मूल्य बीमा बेचने के बारे में विश्व के सर्वोत्तम बिजनेस स्कूल्स में पढ़ाए जाने वाले 6 गोल्डन रहस्यों का खुलासा किया गया है।

यह पुस्तक आपको एक साधारण बीमा विक्रेता से ऊपर उठकर एक असाधारण बीमा विक्रेता बनने में अवश्य सहायता करेगी और एक प्रकार से आपके जीवनकाल की आकांक्षा को प्राप्त करने और आपकी कल्पनाओं से कहीं अधिक अमीर बनने में शक्तिशाली मार्गदर्शक बनेगी।

यदि आप इसे पढ़ रहे हैं, तो आप अवश्य उन चुने हुए लोगों में से एक हो सकते हैं!

इस पुस्तक का केंद्रीय विषय है—

"धन्धा वैल्यू का खेल है मेरे दोस्त ।"
और
"सितारों के आगे भी एक जहाँ है ।"

लेखक के बारे में
About The Author

रणधीर भल्ला एंड एसोसिएट्स सीनियर इंजीनियर, चार्टर्ड और कॉस्ट अकाउंटेंट हैं।

श्री रणधीर भल्ला ने अनेक मंचों पर, जिनमें FICCI, ASSOCHAM (नई दिल्ली) और FKCCI, Bengluru (फेडरेशन कर्नाटक चैंबर ऑफ कॉमर्स एंड इंडस्ट्रीज, बेंगलुरु) शामिल हैं, एक वक्ता और लेखक के रूप में अपना योगदान दिया है।

उन्हें भारत के शीर्ष वित्तीय व्यापार निरंतरता योजनाकर्ता (Financial Business Continuity Planner) के रूप में माना जाता है।

उनके द्वारा निर्मित वित्तीय व्यापार निरंतरता योजनाएँ व्यावसायिक उद्यमों, उनके संवर्धकों (Promoters) सहयोगकर्ताओं, निवेशकों और संगठनों में महत्त्वपूर्ण व्यक्तियों के लिए बहुत से मूल्य जोड़ती हैं।

उनका दृढ़ विश्वास है कि $P > R$ यानी संरक्षण हमेशा रिटर्न की तुलना में बड़ा होता है।

अपने अनूठे अंदाज में, उन्होंने HNIs के लिए बड़े बीमों की

योजनाएँ बनाईं ताकि वे अपने व्यापारिक जोखिमों (Business Risks) को बीमा संस्थाओं को स्थानांतरित (Transfer) कर सकें और तनाव-मुक्त जीवन जी सकें।

आप लेखक के साथ इस प्रकार जुड़ सकते हैं-

ई-मेल आईडी: randhirbhalla1950@gmail.com

संपर्क: 9376117563, 8141117563

प्रस्तावना
Preface

मेरे पिता श्री के.सी. भल्ला जिन्होंने जीवन भर LIC के साथ काम किया, ने मुझे हमेशा सिखाया:

"बीमा बेचना एक मुश्किल काम है और जो जीवन बीमा बेच सकता है वह कुछ भी बेच सकता है।"

और मैं आज आपके सामने हूँ। उनके नक्शेकदम पर चलने की कोशिश कर रहा हूँ और आपको सिखा रहा हूँ कि आप किस तरह से ₹100 cr (1 अरब) से भी अधिक मूल्य का जीवन बीमा HNIs को सरलता से बेच सकते हैं।

हाँ! यह अवश्य मुमकिन है। अगर मैं यह कर सकता हूँ, तो आप भी जरूर कर सकते हैं।

और मैं यह आपको बताना चाहता हूँ कि इस पुस्तक में जो सामग्री मैं साझा कर रहा हूँ, वह मेरे HNIs के साथ काम करने के 45 वर्षों के लंबे अनुभव पर आधारित है और एक प्रकार से अमूल्य है।

यह उन चीजों में से एक है जिन्हे मैंने पिछले कई वर्षों के दौरान सीखा, गूढ़ अध्ययन किया, सिद्ध और कार्यान्वित किया।

इस ज्ञान का उपयोग करके मैंने अपने जीवन में अविश्वसनीय सफलता प्राप्त की है।

यह पुस्तक मेरे सभी दोस्तों, सहकर्मियों, विकास अधिकारियों और दुनिया भर में बीमा उद्योग से जुड़े अन्य वरिष्ठ अधिकारियों, जिन्हें मैं जानता हूँ या अन्यथा, के लिए लिखी गई है।

मुझे पूरी उम्मीद है कि यह पुस्तक आपके व्यक्तिगत और व्यावसायिक जीवन में बहुत अधिक मूल्य जोड़ेगी और आपको आपकी कल्पना से कहीं अधिक धन कमाने में सहायता करेगी अन्यथा इस पुस्तक को लिखने का उद्देश्य अधूरा रह जाएगा।

मेरी इच्छा इस पुस्तक के सभी पाठकों को सही मायने में "विश्व का महान विक्रेता" (World Class Champion) बनाने की है।

इस पुस्तक को बहुत विश्वास, जुनून और उत्साह के साथ पढ़ें।

ईश्वर आप सबकी सहायता करें।

अध्याय 1

क्या जिंदगी है!
What a Life!

मेरी जीवन यात्रा

कई अन्य लोगों के विपरीत, मेरी जीवन यात्रा रंक से राजा बनने की नहीं है।

यथोचित परिवार में जन्मे, मुझे अपने जीवन में पर्याप्त शिक्षा और मूल्य दिया गया। पिछले 45 वर्षों के दौरान, मुझे संगठनों के उच्चतम स्तर पर (सी.ई.ओ.) काम करने के अवसर मिले और (अल्ट्रा) अमीर एच.एन.आई. (HNIs) के साथ गूढ़ संबंध बने।

ईश्वर की कृपा से मेरा कैरियर ग्राफ हमेशा अमीर से और अमीर बनने का रहा है।

मेरी वर्तमान जीवन शैली

- अपनी गति से काम करना।

- स्वयं को, अपने परिवार को और अपने दोस्तों को पर्याप्त समय देना।

- अपने "स्वास्थ्य" को सर्वोच्च प्राथमिकता देना।

- आजीवन वित्तीय तनाव बिना, गरिमा के साथ स्वतंत्रता से जीवन जीना।

- एक वर्ष में चार छुट्टियों का आनंद लेना।

मैं दुनिया भर में यात्रा करता हूँ और शीर्ष बीमा विक्रेताओं के साथ बातचीत करता हूँ।

क्या आप जानना चाहते हैं कि मैं इस तरह की जीवन शैली जीने का प्रबंधन कैसे करता हूँ?

यह सब इसलिए संभव हो पाया है क्योंकि मैंने अपने HNI ग्राहकों के जीवन में मूल्य स्थापित करने की कला और विज्ञान को सीख लिया है।

अध्याय 2

मैं यहाँ अपनी पसंद से आया हूँ
I Am Here By Choice

दोस्तों, ज्यादातर बीमा विक्रेताओं के विपरीत, मैं इस उद्योग में संयोग से नहीं अपनी पसंद से आया हूँ।

मैं जीवन बीमा उत्पादों का उपयोग कॉर्पोरेट जोखिमों (Corporate Risks) को कम करने के लिए करता हूँ। यह अनिवार्य रूप से व्यावसायिक जोखिमों (Business Risks) की पहचान करके इन जोखिमों का मूल्यांकन करके (Quantifying Them), और उन्हें बीमा कंपनियों को स्थानांतरित करने (Transferring) की एक अमूल्य प्रक्रिया है।

यह एक ऐसा सही उपकरण (Tool) है जो कॉर्पोरेट दुनिया में बेतहाशा मूल्य जोड़ सकता है।

ये सभी उपकरण अधिक से अधिक मूल्य के जीवन बीमा बेचने में मेरी मदद करते हैं।

अध्याय 3

एक 30 सेकंड का परिचय जो मुझे भीड़ से अलग करता है
A 30-Second Introduction That Sets Me Apart From The Crowd

यह 30 सेकंड का परिचय/टैगलाइन जो USP का वर्णन करती है, वह मुझे भीड़ से अलग करता है।

मेरे ग्राहक मुझे एक विशेषज्ञ (Expert) के रूप में देखते हैं न कि एक साधारण विक्रेता के रूप में।

"नमस्ते,

मेरा नाम रणधीर है।

रणधीर भल्ला।

मेरा काम लोगों को, उनके जीवन में सूचित निर्णय (Informed Decision) लेने में मदद करना है।

मैं वह बताता हूँ जो आमतौर पर अन्य लोग बताना पसंद नहीं करते।

मैं लोगों को यह नहीं बताता कि अत्यंत धनी कैसे बनें।

इसके बजाय, मैं उन्हें सूचित करता हूँ कि उन्हें अपनी गाढ़ी कमाई की सुरक्षा कैसे करनी चाहिए।

हमारे ग्राहक हमें उनको अमीर बनाने के लिए काम पर नहीं रखते हैं।

वे हमें यह सुनिश्चित करने के लिए काम पर रखते हैं कि वे कभी भी गरीब नहीं होंगे।

हम भारत के शीर्ष वित्तीय व्यवसाय निरंतरता नियोजक (Financial Business Continuity Planner) हैं।

हम आपके जोखिमों का प्रबंधन करते हैं।"

अध्याय 4

हमारे ग्राहक और सहयोगी हमारे बारे में क्या कहते हैं

What Our Clients And Associates Say About Us

"मैंने व्यक्तिगत रूप से देखा है कि कैसे ₹210 करोड़ का प्रस्ताव श्री रणधीर भल्ला ने सहजता से बेचा (Close किया)। उनकी तकनीक बिल्कुल अनोखी और अनमोल है। उन्हें सुनना केवल एक शानदार अनुभव है।"

-रविन्द्र कुमार, क्षेत्रीय प्रबंधक, (LIC of India)

प्रिय रणधीर जी,

आपसे मिलकर अच्छा लगा।

आपके पास एक अच्छी व्यवसाय योजना है जो एक महत्त्वपूर्ण आवश्यकता को पूरा कर सकती है जिसकी अधिकांश परिवार के स्वामित्व वाले उद्योग (Family Owned Business Enterprises) अनदेखी करते हैं।

आपकी शानदार सफलता की कामना करता हूँ...

-राजेश,

प्रबंध निदेशक, (Managing Director), Lockheed Martin
(फॉर्च्यून 500 कंपनी-दुनिया का सबसे बड़ी
लड़ाकू विमान निर्माता कंपनी)

मैं ₹100 cr क्लब का गर्वित (Proud) सदस्य हूँ।
यह एक अद्वितीय अनुभव है।

जब आपका व्यवसाय अपनी सबसे बुरी स्थिति में होता है। तब श्री रणधीर भल्ला द्वारा अनुकूलित व्यवसाय निरंतरता योजना (Business Continuity Plan) सबसे अच्छी साबित होती है।

विश्वास कीजिए यह सचमुच अद्भुत है।

–पी.एस. राजीव, बिजनेस ओनर

श्री रणधीर भल्ला द्वारा प्रदर्शित अद्वितीय कौशल-पूर्ण विचार उत्तेजक हैं।

हमने यह किया है। हमें दृढ़ता से अनुशंसा (Recommend) करने में कोई संकोच नहीं है।

–कृपेश ठक्कर,
एमडी, M/S Rushil Decor Ltd.

लॉकडाउन अवधि के दौरान हुई बड़ी बिक्री कुछ अद्भुत है।

श्री रणधीर भल्ला को सही मायने में अज्ञात (Unknown) लोगों को भी बड़े टिकट बीमा बेचने में एक महारत हासिल है।

उनकी उत्पाद प्रस्तुति (Product Presentation) ग्राहकों के लिए बहुत बड़ा मूल्य लेकर आती है।

जस्ट ब्रिलिएंट!!!!

-अमित कुमार,
शाखा प्रबंधक, एल.आई.सी.

अध्याय 5

वास्तविक जीवन में बेचे हुए एक बड़े बीमे का अध्ययन
A Real Life Case Study

इससे पहले कि हम आगे बढ़ें, मैं एक केस स्टडी साझा करना चाहता हूँ जो आपके लिए जानना महत्त्वपूर्ण है ताकि आप इस विषय-वस्तु के तकनीकी हिस्से को समझ सकें।

दोस्तों, पिछले 15 वर्षों के दौरान मैंने HNIs को काफी बड़े बीमे बेचे हैं। मैंने अब तक का सबसे बड़ा बीमा 210.00 करोड़ रूपये का बेचा है।

एक रियल लाइफ केस स्टडी

एक बार मुझे मेरे शुभचिंतकों ने एक सफल उद्योग के मालिक से मिलवाया।

एक संक्षिप्त पृष्ठभूमि (A Brief Background):

- यह एक मध्यम स्तर का उद्योग है जिसकी वार्षिक बिक्री (Sales Revenue) और मुनाफा (Net Profit) अंदाज से क्रमश: ₹500.00 करोड़ और ₹50.00 करोड़ है।

- कंपनी की कोई ऋण देनदारी नहीं है। (No Loan Liability) कंपनी ने बचा हुआ धन, बैंक FD और अन्य अल्पकालिक वित्तीय साधनों (Financial Instruments) में निवेश किया हुआ है।

- व्यापार 20% से अधिक वर्ष दर वर्ष (YOY) की दर से बढ़ रहा है।

- यह 17 साल पुरानी पारिवारिक स्वामित्व वाली कंपनी (Family Owned Business Enterprise) है जो क्रमश: 65 और 40 वर्ष की आयु के पिता और पुत्र द्वारा प्रबंधित की जाती है।

- पुत्र (प्रबंध निदेशक– Managing Director) ने दुनिया के शीर्ष बिजनेस स्कूल से बहुत अच्छी तालीम ली है और व्यावहारिक रूप से पूरे व्यवसाय को खूब सफलता के साथ चला रहा है।

- वह बड़ी महत्वाकांक्षाओं वाला व्यक्ति है और असामान्य वृद्धि (Exponential Growth) के लिए जोखिम लेने से नहीं डरता है।

- सफलता पाने का जुनून और अवसरों की तलाश उन्हें दुनिया भर में यात्रा करने के लिए प्रेरित करती है।

और

- अपने जोखिम कम करने की रणनीति के एक भाग के रूप में, उन्होंने खुद का ₹35.00 करोड़ का जीवन बीमा लिया हुआ है।

मेरा परिचय एक कॉर्पोरेट जोखिम प्रबंधक (Corporate Risk Manager) के रूप में दिया गया था, ऐसा एक व्यक्ति जो उन्हें उनके व्यापार जोखिमों (Business Risks) की रक्षा करने में मदद कर सकता है।

उन्हें मेरे बिजनेस कार्ड पर लिखी हुई टैगलाइन पसंद आई जो इस प्रकार की थी-

"हमारे ग्राहक हमें उन्हें अमीर बनाने के लिए काम पर नहीं रखते हैं। वे यह सुनिश्चित करने के लिए हमें वेतन देते हैं कि हम उन्हें कभी भी 'गरीब' नहीं होने देंगे।"

उन्होंने आखिरकार मिश्रित भावनाओं के साथ मेरे साथ यह जानने के लिए वार्तालाप करने का फैसला किया कि, मैं उनकी विशेष रूप से क्या सहायता कर सकता हूँ।

उस बैठक में क्या हुआ?

प्रारंभिक शुभकामनाओं का आदान-प्रदान करने के बाद, युवा उद्योगपति ने पहला प्रश्न यह पूछा,

"श्री रणधीर भल्ला जी, कृपया हमें यह बताएँ कि आप हमारे जैसे सफल व्यवसाय को कैसे और अधिक सफल बना सकते हैं?

हमारे पास कोई ऋण देनदारी नहीं है और अधिशेष संसाधनों की बड़ी मात्रा में राशि है जो हमें किसी भी अनिर्धारित समस्या से पूरी तरह उभार सकती है। हमने पर्याप्त जाँच और संतुलन (Check and Balance) के साथ फूलप्रूफ सिस्टम बनाए हैं।

हमारे मानव संसाधन अद्वितीय हैं और किन्हीं भी अप्रत्याशित चुनौतियों का सामना कर सकते हैं।

इसके अलावा, मैंने जीवन बीमा की मदद से अपने व्यक्तिगत जोखिमों को कवर किया है जिसकी कीमत ₹35.00 करोड़ है।"

दोस्तों, किसी भी बीमा विक्रेता को एक कोने में धकेलने के लिए यह वास्तव में एक बम का गोला था क्योंकि इन परिस्थितियों में एक ऐसा प्रस्ताव पेश करना जिसे नकारना नामुमकिन हो, यह अपने आप में एक बहुत बड़ी चुनौती थी।

इसे पढ़कर मुझे यकीन है कि कई अन्य पाठकों की तरह आपको भी इस समय उतनी ही उत्तेजना हो रही होगी जितनी मुझे उस समय हुई।

मेरे सामने मिलियन डॉलर का प्रश्न थाः

ऐसे सफल लोगों के जीवन में कोई कैसे योगदान दे सकता है जिनके जीवन में किसी भी चीज की कोई कमी नहीं हैं?

क्या आप यह जानने के लिए उत्सुक हैं कि मैंने आगे क्या किया?

मैंने कैसे एक बड़ी बिक्री की?

और कैसे 121 लाख रुपये का वार्षिक प्रीमियम एकत्र किया!!!

मैंने यह किस तरह किया?

मुझे पता था कि यह प्रश्न निश्चित रूप से आएगा, और इसीलिए मैं यहाँ आपके साथ अपना ज्ञान साझा करने के लिए आया हूँ।

इससे पहले कि मैं यह बताऊँ कि मैंने वास्तव में चुनौतीपूर्ण असाइनमेंट (Assignment) कैसे पूरा किया, मुझे आपके साथ थोड़ा ज्ञान साझा करने दें, जो इस तरह की चुनौतियों का सफल रूप से सामना करने की एक रूपरेखा तैयार करेगा।

पढ़ते रहिए... (आपको गहरा गोता लगाना होगा।)

अध्याय 6

विपणन बनाम बेचना
Marketing v/s Selling

इन दोनों में क्या अंतर है?

अपनी समझ सही करें और इन सुनहरे नियमों को न भूलें।

सीधे शब्दों में कहें, विपणन (Marketing) बेचना (Selling) नहीं है। यह आपके उत्पाद/सेवाओं का एक प्रकार से प्रस्तुतीकरण (Presentation) है, जिससे एक ऐसा वातावरण बने जहाँ आपका खरीदार आपसे आपका उत्पाद या सेवाएँ खरीदना चाहेगा।

विपणन बिक्री नहीं बनाता है। यह बस आपके उत्पाद/सेवाओं के बारे में जागरूकता पैदा करता है और मूल्य जोड़ने का वादा करता है।

केवल वही जो आप विपणन के बाद करते हैं वह बिक्री लाता है।

यदि आप थोक में बेचना चाहते हैं तो आपको खरीदार के मन को प्रभावित करना होगा और इसलिए, आपको उसकी मानसिकता को समझने की आवश्यकता होगी।

याद रखें, बिक्री के तीन मंत्र

- अपनी सेवाओं के बारे में बताना,

- सही खरीद के निर्णय में ग्राहकों की मदद करना, और

- धैर्य और सही बॉडी लैंग्वेज के साथ उन्हें उत्पाद के बारे में समझाना।

जितना आप बताएँगे, उतना ही आप बेचेंगे।

याद रखें, HNIs को बेचना बिल्कुल भी पसंद नहीं है। वे केवल खरीदना पसंद करते हैं।

कभी भी उनके साथ दबाव से बिक्री करने की कोशिश न करें। इसके बजाय, एक ऐसा वातावरण बनाएँ जहाँ वे "खरीदना" पसंद करें।

निर्णय लेने में उनकी मदद करें जो उनके समाधानों के लिए वास्तव में अद्वितीय हैं।

यह सही मायनों में समस्याओं को हल करने के जुनून से प्रेरित बेचना (Driven Selling) होना चाहिए।

उनकी समस्याओं को विशेष रूप से बता कर उनमें दर्द पैदा करें और एक डॉक्टर की तरह काम करें। यह जरूरी है क्योंकि बिना दर्द के कोई इंसान डॉक्टर के पास नहीं जाता।

याद रखें कभी चालाकी न करें। केवल प्रभावित करें।

अध्याय 7

विपणन के दो तरीके
2 Ways of Marketing

1. हैंड ग्रेनेड मार्केटिंग

हैंड ग्रेनेड मार्केटिंग वह है जो इस समय हम बीमा बेचने के लिए कर रहे हैं यानी खरीददारों की गहरी आवश्यकताओं (Deep Rooted Secret Desires & Needs) को समझे बिना हर किसी को हर प्रकार का ऑफर (Offer) दे रहे हैं।

2. स्निपर मार्केटिंग (Sniper Marketing)

स्निपर मार्केटिंग वह है जहाँ संभावित खरीदारों को लक्षित (Target) किया जाता है, अच्छी तरह से परिभाषित (Define) किया जाता है और स्पष्ट रणनीति के साथ बेचने की प्रक्रिया की जाती है जिनसे वे एक संपूर्ण रूप से संतुष्ट ग्राहक में परिवर्तित हो सकें। (आपके आदर्श ग्राहक वे हैं जो आपकी मूल्य प्रणाली से मेल खा सकते हैं।)

अध्याय 8

बेताब-उतावली बनाम संचालित बिक्री

Desperate v/s Driven Selling

बेताब-उतावली (Desperate) बिक्री क्या है?

यह खरीदारों की आवश्यकताओं को बिना ध्यान में रखे सिर्फ एक टारगेट को पाने की इच्छा से की जाने वाली बिक्री है। यह सिर्फ एक संख्या के पीछे भागने की दौड़ है।

इसके विपरीत संचालित बिक्री (Driven Selling) जुनून से प्रेरित एक ऐसी प्रक्रिया है जहाँ प्रमुख उद्देश्य खरीददारों के जीवन में ढेरों मूल्य वृद्धि करने का आशय है।

कभी भी बेताब-उतावली बिक्री न करें। यदि आप अधिक या थोक में बेचना चाहते हैं, तो आपको बिक्री बंद करनी होगी और एक खरीद वातावरण बनाना होगा।

एक इतालवी (Italian) फिल्म निर्देशक और स्क्रीन राइटर फेडेरिको फेलिनी ने एक बार कहा था,

"कोई अंत नहीं है। कोई शुरुआत नहीं है। केवल जीवन का जुनून है।"

जुनून के साथ बेचना सीखें।

अध्याय 9

वर्तमान परिदृश्य

Current Scenario

- पहले से ही कमजोर आर्थिक अर्थव्यवस्था और कमजोर हो रही है। ऐसा माना जाता है की धीमी वृद्धि के बजाय, अर्थव्यवस्था अगली दो तिमाहियों में और चरमरा जाएगी।

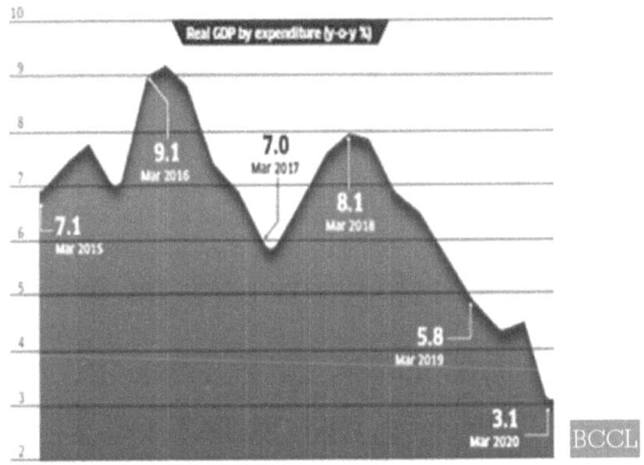

- आने वाली मंदी से कैसे बचें?

- भारत दुनिया में सबसे खराब प्रदर्शन करने वाली अर्थव्यवस्थाओं में से एक है, Economic Advisor: अभिजीत बनर्जी

  स्रोतः द इकोनॉमिक टाइम्स, 30 सितंबर 2020

- 82% भारतियों की आर्थिक व्यवस्था कोरोना वायरस की वजह से डगमगा गई है-महामारी सर्वेक्षण।

  स्रोतः द इकोनॉमिक टाइम्स, 7 जून 2020

- वैश्विक अर्थव्यवस्था के कारण समग्र विश्व के खराब मंदी में उतरने का भय-विश्व बैंक

  स्रोतः द इकोनॉमिक टाइम्स, 9 जून 2020

- कोविद-19 का सबसे गंभीर प्रभाव नौकरी पेशेवालों को हुआ है।

- भारत 40 वर्षों में अपनी भारी मंदी देख रहा है।

- 25% भारतीय बीमा प्रीमियम देने के लायक नहीं रहे और अब वे रिन्यूअल प्रीमियम को रोकने के लिए तैयार हैं।

  स्रोतः द इकोनॉमिक टाइम्स, 19 जून 2020

- इसके विपरीत भारतीय स्टॉक मार्केट एक अविश्वसनीय ऊँचाई पर है।

  स्रोतः इकोनॉमिक टाइम्स, 17 जून 2020

- पूरे विश्व में पर्यटन क्षेत्र इस वर्ष 17.40 cr नौकरियाँ खो सकता है– डब्ल्यू.टी.टी.सी. की रिपोर्ट।

  स्रोतः द इकोनॉमिक टाइम्स, 31 अक्टूबर 2020

- बढ़ते हुए जोखिम को देखते हुए बीमा प्रीमियम में 30% वृद्धि की संभावना है।

  स्रोतः द इकोनॉमिक टाइम्स, 24 जून 2020

- पी.पी.एफ. की दर 7% से भी कम हो सकती है जो पिछले 46 वर्षों में सबसे कम होगी।

  स्रोतः द इकोनॉमिक टाइम्स, 24 जून 2020

कॉम्पीटीशन जमकर हो रही है (The Competition is Getting Fierce)

जबकि हम में से कई लोग कोविद-19 के बाद की नई परिस्थिति में पैर जमाने की कोशिश कर रहे हैं, तकनीकी पृष्ठभूमि वाले नए खिलाड़ी अपने स्टार्टअप प्रोजेक्ट्स की मदद से स्पष्ट विजेता के रूप में उभरे हैं।

पॉलिसी बाजार (Policybazaar) (तीन व्यक्तियों द्वारा बीमा पृष्ठभूमि नहीं होने के बावजूद) पॉलिसी मूल्य तुलना वेबसाइट से उभर कर एक बीमा-विक्रय कार्य में स्थानांतरित हो गया है। कंपनी भारत के जीवन बीमा का लगभग 25% और देश के हेल्थ इंश्योरेंस कवर का 7% से भी अधिक प्रपोजल्स प्रोसेस करने का दावा करती है।

इस कंपनी की वैल्यूएशन अब करीब 2 बिलियन डॉलर (₹15000 करोड़) है।

स्रोतः द इकोनॉमिक टाइम्स, 23 नवंबर 2020

यह सिर्फ 12 साल की अवधि में है!

क्या आप विश्वास कर सकते हैं?

महामारी के कारण इंटरनेट से होने वाले कारोबार में भारी बदलाव आया है।

स्रोतः द इकोनॉमिक टाइम्स, 11 सितम्बर 2020

अमेजॉन (Amazon), जो अपने प्लेटफॉर्म पर बीमा बेचता है, ने बीमा ब्रोकरेज लाइसेंस के लिए आवेदन किया है, जो इसे उत्पादों का ऑनलाइन एग्रीगेटर और वितरक बनने की अनुमति देगा। यह सामान्य बीमा के क्षेत्र में इन्फोसिस के संस्थापक एन.आर. नारायण मूर्ति जैसे दिग्गज व्यक्ति के साथ बड़े जोर-शोर से उतरने की तैयारी कर रहा है।

Flipkart, Amazon, Ola, Paytm, Phonepe, Freecharge– सभी कंपनियाँ इस क्षेत्र में आने की तैयारियों में जुटे हुए हैं।

व्हाट्सएप और गूगल जैसी कंपनियाँ भी इस क्षेत्र में आने की तैयारियों में जुटी हुई हैं।

इनके भविष्य की योजनाएँ इस प्रकार है–

- टेक्नोलॉजी की सहायता लेना, और

- सही पार्टनर को ढूँढ़ना।

फिलहाल ये सभी कंपनियाँ इस क्षेत्र में प्रवेश करने के लिए साधन एकत्रित करने में जुटी हुई है।

दोस्तों, ये सब निश्चित रूप से हमारे जीवन को अधिक चुनौतीपूर्ण बना देगा।

अध्याय 10

व्यापार पिरामिड

Business Pyramid
LIC of India

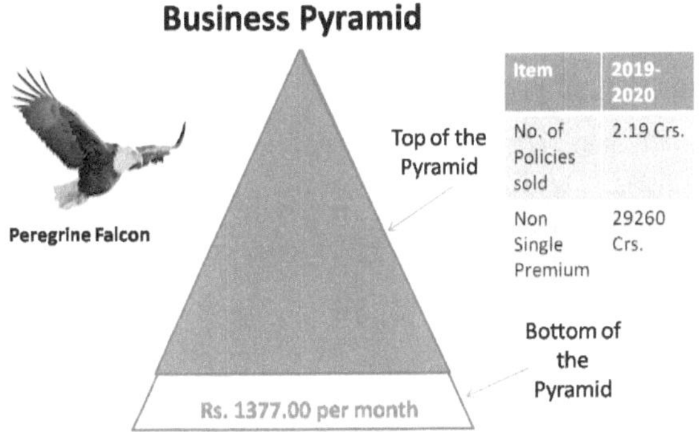

Item	2019-2020
No. of Policies sold	2.19 Crs.
Non Single Premium	29260 Crs.

वर्तमान वास्तविकता और चुनौतियाँ

1. 99% बीमा विक्रेता पिरामिड के निचले हिस्से में, जहाँ औसत प्रीमियम सिर्फ ₹1,377.00 प्रति माह (₹16,524.00 प्रति वर्ष) है, के क्षेत्र में कार्य कर रहे हैं।

2. इस पूरी जगह में बेहद भीड़ है क्योंकि ज्यादातर विक्रेता इसी क्षेत्र में कार्य करना पसंद करते हैं।

3. इस खंड के लोग कोविद-19 पर्यावरण के तहत सबसे अधिक प्रभावित हैं। नया बीमा खरीदने के लिए उनके पास शायद ही पैसा हो। वास्तव में, वे बस जीवित रहने के लिए संघर्ष कर रहे हैं।

4. अनुसंधान (Research) के अनुसार—

   (क) 24 कंपनियों के कार्यरत होते हुए भी देश में बीमा की बिक्री विश्व की बीमा बिक्री की तुलना में अकल्पनीय रूप से कम है।

   जहाँ दुनिया में बीमा की बिक्री GDP की तुलना में औसतन 7.13% है वहीं भारत में बीमा की बिक्री लगभग 3.69% है।

   (ख) प्रति व्यक्ति औसत बीमा बेहद कम है।

   (ज्यादातर लोग Under Insured हैं)।

5. इस क्षेत्र में दिए गए बचत उत्पाद (Savings Products) अपनी प्रासंगिकता (Relevance) खो रहे हैं, क्योंकि तेजी से गिरती ब्याज दर परिदृश्य के तहत ऐसे उत्पादों पर रिटर्न को (4%–5%) मुद्रास्फीति (Inflation) की मौजूदा दर (7.6%) से मेल खाना मुश्किल होगा। इसलिए इन प्रोडक्ट्स के सहारे भविष्य के निर्धारित लक्ष्यों (Goals) जैसे कि बच्चों की पढ़ाई, शादी, रिटायरमेंट आदि) को पाना मुमकिन न होगा।

6. अतः समय की माँग है कि हर विक्रेता को ग्राहक की वास्तविक जरूरतों के अनुसार एक सुरक्षा देने वाले उत्पाद (Protection Oriented Product) को बेचना जल्द ही सीखना होगा।

अध्याय 11

अवसर बिल्कुल आपके सामने हैं

Opportunities Are Right in Front of You

इन विपरीत परिस्थितियों के बावजूद भी जब मैं एक अकेला रेंजर के रूप में बाजार में कदम रखता हूँ तो पाता हूँ कि सही मायनों में तो एच.एन.आई. हमें ढूंढ रहे हैं और एक प्रकार से पूछ रहे है कि

"आप कहाँ हैं?"

दोस्तों! विश्वास कीजिए, मैं निम्नलिखित कारणों की वजह से अपने सामने खड़े हुए एक दुर्लभ अवसर की कल्पना कर सकता हूँ–

- कोविद-19 महामारी के कारण दुनिया भर में बीमा उत्पादों के लिए जागरूकता बढ़ रही है।

- विपरीत परिस्थितियों के बावजूद, अमीर और अमीर हो रहा है। महामारी के अवरोध के बावजूद भारत के अमीरों का धन और बढ़ रहा है।

स्रोतः द इकोनॉमिक टाइम्स, 30 सितंबर 2020

- कोविद-19 की अवधि के दौरान केवल 58 दिनों में रिलायंस ने रुपये 1.86 लाख करोड़ का धन एकत्रित किया। क्योंकि इसने खुद को कमोडिटी कंपनी से टेक्नोलॉजी कंपनी के रूप में बदलाव किया।

- यह स्पष्ट रूप से दर्शाता है कि बाजार पैसे से भरा हुआ है। यह एक हाथ से दूसरे हाथ में जा रहा है। हमें यह पता लगाने की जरूरत है कि क्या यह लेने वाला हाथ हमारा है?

- बिजनेस पिरामिड का ऊपरी क्षेत्र पूरी तरह से खाली पड़ा है और इस क्षेत्र के लोग जो धनिक वर्ग के हैं, हमें बुला रहे हैं और कह रहे हैं, "आइए हमें हमारी आवश्यकताओं के अनुसार उत्पाद दीजिए"।

दोस्तों बदलाव इस समय की माँग है। यदि हम वास्तविकता को स्वीकार नहीं करते हैं और इसके साथ फिर से संरेखित (Re-allign) नहीं होते हैं तो हम इस उद्योग से जल्द ही पूरी तरह से बाहर हो जाएँगे।

लेकिन विडंबना यह है कि केवल कुछ गिने-चुने विक्रेताओं के पास ही इस क्षेत्र में कार्य करने का साहस और विशेष प्रकार की जरूरी कुशलता है।

स्पष्ट है कि यह समय अपने आप को समय की माँग के अनुसार बदलने का है।

सीधे शब्दों में कहें, भविष्य सिर्फ उन लोगों के लिए उज्ज्वल है जो अपने जीवन में त्वरित निर्णय लेने के काबिल हैं।

अध्याय 12

दो विकल्प

We Are Left
With Two Options

दोस्तों, हमारे सामने सिर्फ दो विकल्प हैं,

1. इस क्षेत्र से बाहर निकल जायें (Get-out)

   या

2. कुछ नया करें (Innovate)

अध्याय 13

आगे का रास्ता

Way Forward

इससे पहले कि मैं एक समाधान (Solution) सुझाऊँ, हमें निम्नलिखित खरीदने के मूल सिद्धांतों को सही रूप से समझना होगा–

1. लोग बेचना पसंद नहीं करते हैं। इसके विपरीत वे खरीदना जरूर चाहते हैं।

2. इसलिए हमें चाहिए कि हम एक खरीद का वातावरण बनाएँ।

3. खरीदार को विश्वास दिलाना चाहिए कि यह स्थिति असल में वास्तविक है और इसे हल करने का सिर्फ यही एक तरीका है।

4. उसे पूरी तरह विश्वास दिलाना चाहिए कि यह उत्पाद (Product) उसके जीवन को बदल सकता है।

5. ध्यान रखें प्रीमियम की मात्रा उन्हें दिए गए बीमा रूपी संरक्षण (Protection) और अन्य लाभों की तुलना में कम से कम हो।

6. याद रखें, खरीदारों के पास दीर्घकालिक निवेश (Long Term Investment) के लिए पर्याप्त प्रतिबद्धता (Commitment) नहीं है। अत: उन्हें आश्वस्त करना चाहिए।

7. उनके द्वारा दी गई रकम की तुलना में उन्हें उचित मूल्य प्रदान करें।

8. मत भूलिए कि संरक्षण v/s निवेश के संदर्भ में लोगों की जागरूकता तेजी से बढ़ रही है।

6 रहस्य जिन्हें जानने से आप HNIs को 100 cr (1 अरब) का बीमा आसानी से बेच सकते हो

6 Secrets of Selling 100.00 cr (1Billion) Insurance To HNIs With Ease

ये वे छह रहस्य हैं जो निश्चित रूप से आपको HNIs को 100 cr (1 अरब) से भी ज्यादा का बीमा आसानी से बेचने में सक्षम करेंगे।

रहस्य-1
अपने संभावित खरीदारों को जानें
Know Your Potential Buyers

अपने योग्य लीड (Lead) की विशेषताओं को परिभाषित (Define) करें और उनकी गहरी-गुप्त इच्छाओं (आवश्यकताओं) (Desires/Needs) को जानें।

मेरा ग्राहक कौन हो सकता है?

अपने संभावित ग्राहक को परिभाषित करें।

यदि आप उन्हें परिभाषित नहीं कर सकते हैं, तो आप उन्हें खोज भी नहीं सकते।

आपका संभावित ग्राहक केवल वही हो सकता है जिसके पास पैसा हो, न कि कोई भी।

HNIs को उच्च-मूल्य बीमा बेचने में सफल होने का सबसे अच्छा तरीका यह सुनिश्चित करना है कि आप केवल FIT के साथ काम कर रहे हैं। आपके संभावित खरीदार को वास्तव में आपकी मूल्य प्रणाली (Value System) से मेल खाना चाहिए।

आपका आदर्श ग्राहक आपका अपना ही प्रतिबिंब है।

मेरे वर्षों के अनुभव के आधार पर, मैंने ऐसे संभावित खरीदारों की 6 विशिष्ट विशेषताओं पर काम किया।

1. वह किसी उद्यम का एक सफल उद्योगपति होना चाहिए जिसका ट्रैक रिकॉर्ड अच्छा रहा हो।

2. वह एक पढ़ा-लिखा व्यक्ति और अपने ही बल बूते पर बना उद्योगपति होना चाहिए।

3. उसकी व्यवसाय में मुनाफे की निरंतता बनी रहनी चाहिए।

4. वह अति महत्वाकांक्षी व्यक्ति होना चाहिए जो अपने कार्य को बढ़ाने के लिए जोखिम लेने को तैयार हो।

5. ऐसा व्यवसाय हो जिसके उद्योगपति की देयता सुरक्षित (Secured Liabilities) हो अथवा उसकी व्यक्तिगत (Personal Guarantees) गारंटी हो।

6. उसकी उम्र 45 के आस-पास होनी चाहिए।

आपको इस प्रकार के HNIs की गहरी गुप्त इच्छाओं को जानने की आवश्यकता है जिन्हें आसानी से प्रभावित कर सकते हैं।

HNI की आकांक्षाएँ (आवश्यकताएँ) और असुरक्षाएं (Insecurities) एक आम व्यक्ति की तुलना में अलग हैं।

एक सामान्य व्यक्ति मुख्य रूप से निम्नलिखित घटनाओं को सुरक्षित करने के लिए बीमा खरीदता है–

1. आय का प्रतिस्थापन (Replacement of Income)

2. बच्चों की शादी

3. बच्चों की शिक्षा

4. सेवा निवृत्ति का प्रबंध करने के लिए पर्याप्त संसाधन जिससे गरिमा और वित्तीय स्वतंत्रता से भरपूर जीवन जिया जा सके।

इस सेगमेंट में बीमा रूपी बचत का एक बड़ा हिस्सा बेचा जा रहा है।

हालांकि ये HNIs की प्राथमिक जरूरतें असुरक्षाएँ नहीं हैं।

उनकी गहरी-गुप्त इच्छाएँ (आवश्यकताएँ) सामान्य व्यक्ति की तुलना में कुछ अलग हैं।

अधिकांश छोटे एवं मध्यम पैमाने के उद्यमों के उद्योगपतियों की तरह एच.एन.आई. (HNIs) की विशेषताएँ इस प्रकार हैं-

- चिंता रहती है कि उनके द्वारा लिए गए व्यापारिक जोखिम किसी दुर्घटना के कारण उनके परिवारिक जीवन को बुरी तरह से प्रभावित कर देंगे और उनकी जीवन भर की कमाई को तहस-नहस कर देंगे।

- तलाश रहती है कि अपना बिजनेस आने वाली पीढ़ी के हाथों में किस तरह सुरक्षित सौंप सकें।

- यह सुनिश्चित करना है कि किसी भी बड़ी दुर्घटना के दरमियान भी (जैसे कि Covid-19) उनका बिजनेस बिना किसी रुकावट के चलता रहे।

- बैंक से लिया हुआ कर्ज, दी हुई सिक्योरिटीज और व्यक्तिगत गारंटी (Personal Guarantees) को सुरक्षित करना है।

- यह सुनिश्चित करना कि बिजनेस में हमेशा तरलता (cash liquidity) कायम रहे ताकि पैसों के कारण कोई रुकावट न हो।

- आजीवन वित्तीय स्वतंत्रता और गरिमा का जीवन सुनिश्चित करना (Life of Financial Independence and Dignity)।

- भविष्य की पीढ़ी के लिए एक वित्तीय एस्टेट (Financial Estate) और एक विरासत (Legacy) खड़ी करने के लिए योजना तैयार करनी है।

- अपनी यादों को पीछे छोड़ने के लिए एक सकारात्मक चिह्न (Positive Mark)–Charity Trust बनाना है।

संक्षेप में, उन्हें एक ऐसी वित्तीय योजना की जरूरत है, जो उपरोक्त उल्लिखित जोखिमों/असुरक्षाओं को कम कर सके और उन्हें बिना किसी चिंता के जीने में मदद कर सके।

अध्याय 16

रहस्य-2
आप उन्हें कहाँ और कैसे ढूँढेंगे?

Where and How would you find them?

वे आपके चारों ओर हैं।

एच.एन.आई. (HNIs) तक पहुँचने के लिए आपके प्राथमिक स्रोत निम्नानुसार हैं–

1. डेटा (Data) जो आपके पास है,

उदाहरण स्वरूप:

(क) आपके मौजूदा ग्राहक।

(ख) आपके पिछले ग्राहक।

(ग) अनकवर्ड लीडस् (Leads)।

(घ) वह डेटाबेस जो आपने पहले खरीदा था।

(ङ) उनके व्यवसाय कार्ड।

(च) सोशल मीडिया पर आपके प्रशंसक और अनुयायी।

याद रखें, यह डेटा (Data) वास्तव में आपकी सोने की खान (Gold Mine) और सबसे बड़ी संपत्ति है।

यह चिंता न करें कि उनमें से प्रत्येक आपके संभावित खरीदार हो सकते हैं या नहीं क्योंकि वे खरीदार न भी हों तब भी वे एक प्रभावशाली व्यक्ति (Influencer) के रूप में कार्य कर सकते हैं और आपको आगे संदर्भित (Recommend) कर सकते हैं।

2. संयुक्त उद्यम (Joint Ventures)

ये वे लोग हैं जिनके पास वह डेटाबेस है जिसे आप ढूंढ रहे हैं–

उदाहरण स्वरूप:

(क) चार्टर्ड एकाउंटेंट्स

(ख) सलाहकार (Consultants)

(ग) वकील

(घ) सामाजिक रूप से प्रभावित करने वाले लोग

(ङ) संघों के प्रमुख

(च) सी.ई.ओ. समूह (CEO Groups)

(छ) प्रशिक्षक (Trainers)

याद रखें, पैसा सामान्य रूप से इस सूची में नहीं है, बल्कि सूची में दिए हुए डेटा के साथ आपके रिश्ते में है।

संयुक्त उद्यम (Joint Ventures) के साथ अच्छी तरह से सोचे-समझे परिपक्व रिश्ते खेल परिवर्तक (Game Changer) साबित हो सकते हैं। वे आपको एक बड़े पैमाने पर क्वालिफाइड लीडस् (Qualified Leads) देंगे।

अध्याय 17

रहस्य-3
एक मजबूत नींव का निर्माण
Build a Strong Foundation

"महत्त्वपूर्ण बात यह है कि विश्व को बचाने या
अन्य लोगों की मदद करने की कोशिश शुरू करने
से पहले आपको एक मजबूत आधार मिल गया है।"
-रिचर्ड ब्रैनसन

आपको एक प्राधिकारी या विशेषज्ञ की दृष्टि से देखा जाना चाहिए, वर्ना आप एक आम विक्रेता/भीड़ का हिस्सा नजर आएँगे।

एक मजबूत नींव क्या है?

इनमें से सभी या कुछ का अनुसरण करने से आपको भीड़ से अलग नज़र आने में मदद मिलेगी और आपको प्राधिकारी या विशेषज्ञ (Authority/ Expert) के रूप में एक अलग पहचान मिलेगी—

1. प्रभावी वेबसाइट/लैंडिंग पेज

2. शक्तिशाली प्रशंसा पत्र (Testimonials)

3. सार्थक व्यवसाय कार्ड/लोगो/टैग लाइन जो आपके यू.एस.पी. का वर्णन करती हो।

4. वह विषय-वस्तु जो आप साझा कर रहे हैं

5. अभिनव उत्पाद प्रस्तुति (Innovative product presentation)

6. बिक्री के बाद की सेवा

7. आपकी प्रतिबद्धता (Commitment) और मूल्य (Value)

8. आपका अपना डेटाबेस

9. व्यक्तिगत ब्रांड पेज

10. एक किताब जो आपने लिखी है

11. आपका अपना YouTube चैनल

12. निरंतर नई चीज ढूँढने की आदत

अध्याय 18

रहस्य-4
लोगों द्वारा आपको एक विशेषज्ञ की दृष्टि से देखा जाना चाहिए
You Need to be Perceived as an Expert

आपको एक प्राधिकारी (Authority) या विशेषज्ञ (Expert) कैसे माना जा सकता है और आप अपने खरीदारों के साथ वास्तव में पेशेवर संबंध कैसे स्थापित कर सकते हैं?

निम्नांकित पत्रों (Sales Letters) से मुझे और मेरे प्रशिक्षुओं (Trainees) को चैंपियंस के रूप में माने जाने में मदद मिलती है, इन्होंने हमारे प्रोस्पेक्ट्स के साथ एक गहरा संबंध स्थापित करने में भी मदद की है।

आखिरकार, इन बिक्री पत्रों (Sales Letters) की मदद से ही हम सभी ने बड़े टिकट बीमा बेचे हैं।

पत्र-1

विषय: परिसंपत्ति आवंटन (Asset Allocation) का स्वर्ण नियम।

आपके इनबॉक्स में अचानक से आने के लिए क्षमा करें।

मैं आपको सूचित करना चाहता हूँ कि समय कठिन है।

तूफानी समुद्र प्रचुर सावधानी की माँग करता है।

निवेशकों के लिए जोखिम लेना महत्त्वपूर्ण है, भले ही उन्होंने इसका अनुभव नहीं किया हो और हमें बहुत सारे लोगों के लिए सलाहकारों की और हैंडहोल्डिंग करने की आवश्यकता होती है।

निवेश के लिए विविधता महत्त्वपूर्ण है।

निवेश के लिए उपलब्ध राशियों की जाँच और पुनर्संतुलन (Re-balance) के लिए यह एक सही समय है।

फिक्स्ड डिपॉजिट:

बैंक में फिक्स्ड डिपॉजिट पर ब्याज दरें घट रही हैं। उनके ऊपर आने की कोई संभावना नहीं है। कर वापसी (Post Tax Returns) बहुत कम है और यह खुदरा मँहगाई दर (Retail Inflation Rate) को पार करने के लिए पर्याप्त नहीं है। यह निश्चित रूप से आपके धन को नष्ट कर देगा।

	eCircular Department: IT. ASSET LIABILITY MANAGEMENT SI.No.: 198/2020 -21 Circular No.: CFO/IT-ALM-INTEREST/4/2020-21 Date : Tue 26 May 2020

Date: 26th May, 2020

The Chief General Manager,
State Bank of India,
All Circles/CAG/CCG/SARG

Dear Sir/ Madam,

REVISION IN INTEREST RATES ON DOMESTIC RETAIL TERM DEPOSITS (BELOW RUPEES TWO CRORES) W.E.F. 27th MAY, 2020

Please refer to our Circular No. CFO/IT-ALM-INTEREST/3/2020-21 Dated 8th May, 2020 advising changes in interest rates on Domestic Retail Term Deposits. It has now been decided to revise the interest rates for **Domestic Retail Term Deposits 'Below Rupees Two Crores'** w.e.f. **27th May, 2020** as under:

Retail Term Deposits (Below Rs. Two Crores)

(Rates in % per annum)

Tenors	Existing Rates for Public w.e.f.	Revised Rates for Public w.e.f. 27/05/2020	Existing Rates for Senior Citizen w.e.f. 12/05/2020	Revised Rates for Senior Citizen w.e.f. 27/05/2020
7 days to 45 days	**3.30**	2.90	3.80	**3.40**
46 days to 179 days	**4.30**	3.90	4.80	**4.40**
180 days to 210 days	**4.80**	4.40	5.30	**4.90**
211 days to less than 1 year	**4.80**	4.40	5.30	**4.90**

1 Year to less than 2 year	**5.50**	5.10	6.00	**5.60**
2 Years to less than 3 years	**5.50**	5.10	6.00	**5.60**
3 Years to less than 5 years	**5.70**	5.30	6.20	**5.80**
5 Years and up to 10 years	**5.70**	5.40	6.50	**6.20**

उच्च दर ऋण निधि (High Rated Debt Funos):

उच्च दर ऋण निधि पर मौजूदा YTM (Yield to Maturity) क्या है?

Funds India Select Debt Funds	**YTM (Aug.2020)**
0 to 1-Year Bucket	4.0%
1 to 3-year Bucket	5.5%

स्रोतः द इकोनॉमिक टाइम्स, 27 अक्टूबर 2020

लिक्विड फंड्सः

लिक्विड फंड्स पर रिटर्न की मौजूदा दर पिछले वर्ष की 5–5.5% दर की तुलना में अब 3–3.5% के बीच है। और इसलिए, निवेशक अन्य जगहों पर पैसा लगा रहे हैं।

स्रोतः द इकोनॉमिक टाइम्स, 10 नवम्बर 2020

म्यूचुअल फंड्सः

म्यूचुअल फंड इक्विटी में प्रवेश द्वार रहा है। उन्होंने पिछले कुछ वर्षों में शानदार रिटर्न नहीं दिया है।

Performance by Category

Category	1Yr	3Yr	5Yr	10Yr
Large cap	4.27	**4.95**	6.26	**8.25**
Midcap	11.79	**1.72**	5.46	**11.57**
Small cap	12.67	**-1.29**	5.02	**9.45**
Contra	3.70	**0.21**	4.88	**9.24**

(Figures in x)   *Source: Value Research*

स्रोतः द इकोनॉमिक टाइम्स, 3 सितम्बर 2020

डायरेक्ट इक्विटीः

निम्न कारणों के विपरीत सेंसेक्स आसमान की ऊँचाई छू रहा है–

1. पूरे विश्व में लॉकडाउन

2. कोई उत्तेजना नहीं

3. -7.13% जी.डी.पी. ग्रोथ

4. अब तक का सबसे ऊँचा एन.पी.ए.

5. अब तक की सबसे ज्यादा बेरोजगारी

6. अनिश्चितता-उच्च स्तर की

7. उपभोक्ता भावुकता (Consumer Sentiment)-कमजोर

8. विश्व युद्ध-3 का डर

सेंसेक्स का अनुगामी पी./ई., 30 से अधिक है जो कि 10 वर्षों के औसत से 46% अधिक है।

सेंसेक्स से आगे पी./ई., 21 से अधिक है जो 10 साल के औसत से 34% अधिक है।

स्रोतः ई.टी. वेल्थ, 19 अक्टूबर 2020

स्पष्ट रूप से यह समय कुछ मुनाफे को बुक करने का है।

लंबी अवधि के निवेश में हमेशा निवेशक के जोखिम के स्तर को निर्धारित करके, विशेष संपत्ति के संकेंद्रण से बचते हुए एकाग्रता से बचने और अचानक आघात के नकारात्मक जोखिमों की संभावना से परिचित होकर एक उचित परिसंपत्ति आवंटन (Asset Allocation) की आवश्यकता होती है।

इसमें कोई आश्चर्य नहीं कि निवेशकों ने कुल ₹9939 करोड़ पिछले 4 महीनों में इक्विटी म्यूचुअल फंड से निकाल लिए हैं।

स्रोत: द इकोनॉमिक टाइम्स, 10 नवम्बर 2020

सही परिसंपत्ति आवंटन (Asset Allocation) प्रमुख है।

कम जोखिम और उच्च सुरक्षा, निवेशकों को निवेश के लिए अन्य रास्ते तलाशने के लिए प्रेरित कर रही है।

लोगों के लिए यह वास्तव में एक मिलियन डॉलर का सवाल है कि अभी पैसा कहाँ लगायें।

अब आपको क्या करना चाहिए?

**परिसंपत्ति आवंटन का
सदाबहार गोल्डन रूल है
"जब सब कुछ सही जा रहा हो
तब कुछ मुनाफे को बुक करें।
ऐसी जगह पर आवंटित (Allocate) करें,
जो सुरक्षित, बीमित (Assured),
आजीवन सुरक्षा प्रदान करने वाले
टैक्स फ्री रिटर्न देने वाले
भारत सरकार की संप्रभु गारंटी
(Sovereign Guarantee)
द्वारा समर्थित हो।"**

यह सही अर्थों में हमारा ईमानदार प्रयास है कि हम हमारे पिछले 45 वर्षों के विश्वसनीय शोध के आधार पर निकाले गए निष्कर्षों से अवगत कराते हुए उचित सूचित निर्णय लेने में आपकी मदद करें।

हम देश के सर्वोच्च वित्तीय कारोबार निरंतरता योजनकर्ता (Top Financial Business Continuity planner) हैं।

क्या आपको कुछ और जानकारी चाहिए?

एक बिल्कुल मुफ्त परामर्श के लिए हमें कॉल करें या लिखें।

आप पर कोई बंधन नहीं है।

हम हमेशा आपके निर्णय का सम्मान करेंगे भले ही हम साथ काम न कर रहे हों।

हम आपके विचार जानने के लिए तत्पर हैं।

शुभकामनाएँ

-रणधीर भल्ला

पत्र-2

विषयः भारत में कर मुक्त रिटर्न अब प्रासंगिक क्यों हैं? अधिक जानकारी के लिए पढ़ें...

(Why Tax Free Returns are now relevant in India? Read more...)

श्रीमान,

आपके इनबॉक्स में अचानक से आने के लिए क्षमा करें।

मैं आपको सूचित करना चाहता हूँ कि निवेश किये धन पर सरकार द्वारा सुनिश्चित टैक्स फ्री Return पहले से कई गुना ज्यादा महत्त्वपूर्ण है।

वर्तमान परिदृश्य देखें:

1. बैंक एफ.डी., ऋण निधि दर लगातार नीचे जा रही हैं। इन उपकरणों पर पोस्ट टैक्स रिटर्न खुदरा महँगाई दर (Retail Inflation Rate) को मात देने के लिए भी पर्याप्त नहीं है।

2. म्यूचुअल फंड वादा की गई कर वापसी फ्री रिटर्न को प्राप्त करने में विफल रहे हैं और ऐसे निवेशों में शामिल उच्च जोखिम को देखते हुए वे (Post Tax Returns) अपेक्षाओं से बहुत कम हैं।

3. भारत नीचे दिखाए गए अन्य विकसित देशों की तुलना में व्यक्तिगत आयकर के मामले में सबसे कम कर व्यवस्था वाले देशों की श्रेणी में आता है–

Country	IT Rates %
Australia	45
Canada	44.5 to 54
Germany	47.47
UK	45
USA	51.8
Nepal	36
India	30

कोविद-19 से उत्पन्न अराजकता और आर्थिक वातावरण में आई बड़ी रुकावटों के बीच HNIs के लिए व्यक्तिगत आयकर दरों में बढ़ोतरी के लिए दुनिया भर से आवाजें उठ रही हैं।

नीचे दिए गए समाचार को देखें–

"आय असमानता

बढ़ती आय असमानता ने कई प्रगतिशील राजनेताओं और आलोचकों की ओर से तीखी प्रतिक्रियाओं को उकसाया है। अमेरिकी सीनेटर बर्नी सैंडर्स ने इस महीने की शुरुआत में कोरोनोवायरस संकट के दौरान 'अति' संपत्ति लाभ पर कर लगान के लिए कानून पेश किया।"

स्रोतः द इकोनॉमिक टाइम्स, 27 अगस्त 2020

"ब्रिटिश एफ.एम. (Finance Minister) ऋषि सूनक ने स्थिति को बहाल करने हेतु भुगतान करने के लिए बड़ी कर बढ़ोतरी की योजना का प्रस्ताव रखा है।"

स्रोतः द इकोनॉमिक टाइम्स, 31 अगस्त 2020

यह मानने के पर्याप्त कारण हैं कि भारत भी समय आने पर इस प्रकार की कर वृद्धि की योजना ला सकता है।

इन परिस्थितियों में सरकार द्वारा निवेश पर टैक्स फ्री गारंटी वाले प्रस्ताव की अनदेखी करना मुश्किल है।

इस समय पर बुद्धिमतापूर्ण माँग यही है कि यह समय परिसंपत्ति आवंटन (Asset Allocation) में फेरबदल करने का है। आपको चाहिए कि इस समय आपकी बचत की हुई रकम का कुछ हिस्सा ऐसे सुनिश्चित टैक्स फ्री रिटर्न देने वाले उपकरणों (Products) में निवेश करें।

हम आपके विचार जानने के लिए तत्पर हैं।

नमस्कार,

रणधीर भल्ला

नियमित अंतराल पर उपयोग किए जाने वाले ये सही मायने में सार्थक शैक्षिक संदेश मुझे अपने ग्राहकों के करीब लाए हैं। वे सभी मुझे इस विषय में एक प्राधिकारी (Authority) के रूप में देखते हैं और अब मेरी सलाह लेने के लिए उत्सुक हैं।

आप निम्न लिंक का उपयोग करके मेरे LIVE बिक्री कॉल को YouTube पर देख सकते हैं–

https://www.youtube.com/watch?v=JbYEufVoNnM

अध्याय 19

रहस्य-5
पेशेवर संबंध बनाएँ और अपने संभावित खरीदारों का विश्वास जीतें

Build Professional Relationship, Trust or Faith With Your Potential Buyers

याद रखें, विश्वास और विश्वसनीयता ही एकमात्र ऐसी मुद्रा है जिससे हम इस उद्योग में अपना व्यवहार कर रहे हैं।

हम विश्वास/संबंध कैसे बना सकते हैं?

आपकी मजबूत नींव (Strong Foundation) निश्चित रूप से आपको एक विश्वसनीय सलाहकार बनाने में मदद करेगी। यह विश्वास/संबंध बनाने के लिए पहला कदम है।

रिश्तों के निर्माण के प्रभावी तरीकों में से एक किताब का लेखन करना है, इसके अतिरिक्त अपने संभावित ग्राहकों को एक वेबिनार में बुलाएँ या उन्हें उनकी गहरी गुप्त (आवश्यकताओं) को छूने वाले शैक्षिक संदेश भेजें।

याद रखें, आपका हर कार्य या लिखित संचार (Communication) सार्थक (Meaningful) होना चाहिए। आपका खरीदार उसको समझने में सक्षम होना चाहिए।

यह आपके लिए आत्मीयता (Affinity) और पसंदगी (Liking) उत्पन्न करेगा। जितना अधिक सार्थक तरीके से आप संवाद करेंगे, उतना ही अधिक आप आत्मीयता और संबंध बनाना शुरू करेंगे।

विश्वास/संबंध बनाने में समय लगता है। इसलिए, आपके प्रत्येक कार्य या वार्तालाप खरीदारों के दिमाग में सूक्ष्म परिवर्तन लाने के काबिल होने चाहिए।

आपके संचार (Communication) में उल्लिखित चुनोतियाँ आपके संभावित खरीदारों के विचारों/समस्याओं से संबंधित होनी चाहिए और उन्हें लगना चाहिए कि इनमें समस्याओं का हल मिल रहा है।

अध्याय 20

रहस्य-6 (a)
बिक्री प्रस्ताव करने का तरीका
Make An Irresistible Sales Offer

एक अनूठा बिक्री प्रस्ताव (IRO) क्या है?

यह मूल्य निर्माण (Value Creation) के बारे में है। आपके ग्राहक को वास्तव में विश्वास आना चाहिए कि यह सबसे अच्छा उपलब्ध प्रस्ताव है और इसका और कोई विकल्प नहीं है।

आपका प्रस्ताव बहुत आकर्षक या इनकार न कर सकने के काबिल होना चाहिए। इससे खरीदने का आवेग/जुनून पैदा होना चाहिए।

99% लोग अनूठा प्रस्ताव नहीं देते हैं और इसलिए, आप ऐसे प्रस्ताव देने से भीड़ से अलग खड़े दिख सकते हैं। यह आपको फ्री माउथ पब्लिसिटी देगा और आपके विकास में और इज़ाफा करेगा।

आपका अनूठा प्रस्ताव आपके उत्पाद लाइन से हो सकता है या यह आपके गैर-उत्पाद लाइन से भी हो सकता है।

आपके प्रस्ताव से खरीदारों के मन में एक कमी और फियर ऑफ मिसिंग आउट (FOMO Factor) पैदा होना चाहिए, जिससे उन्हें लगे कि अगर वे इसी समय ही खरीदारी नहीं करते हैं तो उन्हें बड़ा नुकसान उठाना पड़ेगा।

अध्याय 21

रहस्य-6 (b)
संवादी बिक्री की कला सीखें
Learn the Art of
Conversational Selling

उस समय के बारे में सोचें जब आपने अपने दोस्त को किसी ऐसी चीज के लिए मना लिया था, जिस पर आपको वास्तव में विश्वास था कि वह उसके जीवन में कुछ मूल्य जोड़ सकती है, जैसे कि फिल्म देखने या प्रशिक्षण पाठ्यक्रम के लिए।

अब उस प्रक्रिया को शुरू से अंत तक धीमी गति में देखें। आपने जो भी किया है, उस सबको देखें। उनकी स्वीकृति प्राप्त होने तक आपने जो कुछ भी किया है, उस प्रत्येक चीज को दृष्टिगत करें।

उन प्रमुख मील के पत्थरों पर ध्यान दें।

जैसे–

1. सबसे पहले आप एक माहौल बनाते हैं
2. एक कप कॉफी का ऑर्डर करते हैं
3. हल्की-फुल्की बातों से शुरू करते हैं
4. मुख्य बिंदु पर आते हैं
5. आपत्ति निवारण (Objection Handling) करते हैं
6. दोबारा मिलते हैं
7. तीसरी बार मिलते हैं

उसे समझाने के लिए आपने जो भी कदम उठाए, उन सभी को लिख लें। अब अपने उस समय के बारे में सोचें जब कभी आपने अपने ग्राहक से बातचीत कर उसका विश्वास जीता हो।

अंतर देखें, यदि कोई हो।

दोस्तों, मुझे यह कहने में कोई संशय नहीं है कि रहस्य रूपी जो मार्ग मैंने इस पुस्तक द्वारा दिखाया है उससे आपको अवश्य सफलता मिलेगी क्योंकि यह मेरा बरसों से आजमाया हुआ मार्ग है।

बस थोड़ा धैर्य रखिए।

अध्याय 22

और अब वापस केस स्टडी पर वापस ध्यान देंगे...
And Now Back To The Case Study...

मुझे पता है, आप सोच रहे होंगे कि मैं आपको बीच में कैसे छोड़ सकता हूँ, बिना वो बताये जो वास्तव में आप भारी उत्सुक्ता से जानना चाहते हैं। तो अब ध्यान से पढ़िए।

मुझे यकीन है, अब तक, आप यह जानने के लिए उत्सुक होंगे कि मैंने ऐसे कौन से समाधान प्रस्तावित किए जिनसे मेरे संभावित ग्राहक (Prospect) ने आगे की आपत्तियों (Objections) को उठाए बिना मेरे प्रस्ताव को स्वीकार किया होगा।

तो अब पढ़िए समाधान का एक पूरा ढाँचा-

- अपने संभावित ग्राहक (Prospect) की गहरी-गुप्त इच्छाओं (आवश्यकताओं) और असुरक्षाओं को समझने के लिए मैंने अपना होमवर्क किया।

- मैंने कंपनी की वार्षिक रिपोर्ट्स (Annual Reports) और भविष्य के अनुमानों (Future Projections) का अध्ययन किया।

उपरोक्त दी हुई चीजों के आधार पर, मैंने कंपनी का एक संरक्षण संबंधी मूल्यांकन (Protection Valuation) किया।

और मैंने यह पाया कि-

- कंपनी ने एक सुविचारित एवं सोची-समझी कारोबार निरंतरता योजना (Business Continuity Plan) स्थापित कर रखी थी और आने वाले वित्तीय जोखिमों से अपना बचाव किया हुआ था।

- इस योजना में अभी भी जो कमी थी वह थी एक पूर्ण-प्रमाणित उत्तराधिकार की योजना (Succession Plan) का प्रावधान होना।

एक पूर्ण-प्रमाणित उत्तराधिकार योजना (Full Proof Succession Plan) का व्यापार में क्या मतलब हो सकता है?

सीधे शब्दों में कहें, तो हमारे द्वारा बनाई गई एक पूर्ण-प्रमाणित उत्तराधिकार योजना किसी संभावित दुर्घटना, जैसे कि कंपनी के मुख्य कर्ता-धर्ता की अचानक मृत्यु के बाद आने वाली दुखद स्थिति में, दो समाधान प्रस्तुत करेगी-

समाधान-1

जब उत्तराधिकारी व्यवसाय चलाना चाहता है।

उस परिस्थिति में हम यह सुनिश्चित करेंगे कि यदि प्रमुख कर्ता-धर्ता (Key Driving Force) का उत्तराधिकारी व्यवसाय चलाने का फैसला

करता है, तो वह अपने से पहले के प्रमुख व्यक्ति की तुलना में और भी बेहतर तरीके से व्यवसाय चलाने में सक्षम होगा।

समाधान-2

जब उत्तराधिकारी व्यवसाय बेचना चाहता है।

उस परिस्थिति में यदि उत्तराधिकारी व्यवसाय को बेचना चाहता है तो हम यह सुनिश्चित करेंगे के प्रमुख कर्ता धर्ता की अचानक मृत्यु के बाद आने वाली परिस्थितियों में भी कंपनी के व्यवसाय मूल्य (Enterprise Value) में रत्ती भर भी कमी हुए बिना उत्तराधिकारी को व्यवसाय की सही कीमत मिलेगी तथा सम्मान के साथ उसका कंपनी से बाहर जाने का मार्ग (Exit Route) प्रशस्त होगा।

व्यवसाय का संरक्षण मूल्य (Protection Value of the Business) क्या है?

व्यवसाय का संरक्षण मूल्य उसके उद्यम मूल्य (Enterprise Value) से अलग है। इसे निम्नानुसार परिभाषित किया गया है-

- यह एक ऐसी राशि है जिसकी व्यवसाय के मुख्य कर्ता धर्ता की अचानक मृत्यु के बाद आने वाली परिस्थितियों में भी व्यवसाय के उद्यम मूल्य को सुरक्षित रखने एवं व्यापार में निरंतरता सुनिश्चित करने के लिए आवश्यकता होगी।

व्यवसाय का उद्यम मूल्य (Enterprise Value) क्या है?

यह व्यावसायिक उद्यम का कथित मूल्य है जिसका एक खरीदार उस व्यवसाय की वर्तमान और भविष्य की कमाई की क्षमता के आधार पर भुगतान करना चाहेगा।

अब पढ़िए मेरे संभावित ग्राहक (Prospect) के साथ बातचीत का आगे का सिलसिला-

मैं: सर, आपका उद्योग बहुत अच्छा चल रहा है। क्या आपको आपके व्यवसाय की उद्यम मूल्य पता है?

प्रोस्पेक्ट: (तुरंत उत्तर मिला) जी हाँ! मुझे पता है। यह कम से कम ₹250.00 करोड़ (2.5 अरब) है।

मैं: क्या आप बता सकते हैं कि आप इस आँकड़े पर कैसे पहुँचे?

प्रोस्पेक्ट: व्यवसाय की वर्तमान और भविष्य की कमाई क्षमता के आधार पर।

मैं: क्या आप बता सकते हैं इस व्यवसाय के निर्माण और जहाँ यह अब खड़ा है, इसे उस पैमाने पर लाने में आपकी क्या भूमिका रही है?

प्रोस्पेक्ट: हाँ! मुझे पता है। आज जिस पैमाने पर यह व्यवसाय खड़ा है वहाँ तक इसे पहुंचाने में मैंने एक बड़ी भूमिका निभाई है।

मैं: क्या मैं इस बात की पुष्टि कर सकता हूँ कि आपने जो अभी कहा वह इस प्रकार है–

"आपके व्यवसाय की वर्तमान सुखद स्थिति आपकी दूरदृष्टि (Vision), खतरा लेने की क्षमता (Risk Taking Ability) और नेतृत्व की गुणवत्ता का स्पष्ट परिणाम है। और बिना आपके कंपनी शायद उस मुकाम पर नहीं पहुँचती जहाँ आज वह है।"

ये ऐसे दुर्लभ गुण हैं जो हर सफल उद्यमी के पास होते हैं और आप निश्चित रूप से उनमें से एक हैं।

प्रोस्पेक्ट: ईश्वर की कृपा है।

मैं: क्या आप सहमत होंगे कि आपके व्यवसाय को आपसे बेहतर कोई नहीं जानता है?

प्रोस्पेक्ट: बिल्कुल।

मैं: क्या आपका कोई भी कर्मचारी आपके साथ किसी दुर्घटना के घटित होने पर तुरंत ही आपकी जगह लेकर सफलतापूर्वक कार्य कर सकता है?

प्रोस्पेक्ट: मुश्किल है। शायद नहीं!

मैं: क्या कंपनी के कार्य पर इसका प्रतिकूल असर नहीं पड़ेगा?

प्रोस्पेक्ट: हाँ मैं मानता हूँ।

मैं: क्या आप इस बात से सहमत हैं कि आपके व्यवसाय का उद्यम मूल्य (Enterprise Value) जो इस समय आपके पास है, वह मूल्य सिर्फ ईंट और पत्थर से बने हुए इस मकान से नहीं बना है, बल्कि सिर्फ और सिर्फ आपके व्यवसाय की मुनाफा कमाने की क्षमता से ही बना है।

प्रोस्पेक्ट: जी हाँ। मैं इस बात से सहमत हूँ।

मैं: क्या आप इस बात से भी सहमत हैं कि आपके अचानक चले जाने पर आपके व्यवसाय के एंटरप्राइज मूल्य (Enterprise Value) में भारी गिरावट आ सकती है और अत: आपके लिए इस समय यह सुनिश्चित करना आवश्यक है कि आपके न होने पर भी वित्तीय दृष्टि से आपका व्यवसाय हमेशा मूल्यवान बना रहे, ताकि निम्नलिखित दो उद्देश्यों को पूरा किया जा सके–

(क) आपकी कंपनी प्रतिभाशाली व्यक्तियों को कंपनी से जुड़े रहने के लिए हमेशा आकर्षित करती रहे।

(ख) कंपनी के उत्तराधिकारी उसे बेचने पर व्यवसाय के उद्यम मूल्य की सुरक्षा को सुनिश्चित करते हुए एक सही मूल्य लेकर सम्मान के साथ कंपनी से बाहर निकल सके (Decent Exit Route)।

प्रोस्पेक्ट: "हाँ। मैं आपसे सहमत हूँ। किन्तु बताइये कि इस तरह के सुरक्षात्मक उपकरण को शुरू करने में क्या लागत शामिल है?"

मैं: यह वास्तव में एक सही सवाल है कि–

इसमें शामिल लागत (Cost) की तुलना उस मूल्य (Value) से कैसे की जाएगी जो इसे प्रदान करता है?

उत्तर सीधा है।

आपको बस इतना करने की जरूरत है कि आपके व्यवसाय की कुल बिक्री में से सिर्फ एक छोटा सा हिस्सा बचाएँ।

याद रहे, साल–दर–साल बचाई हुई यह छोटी सी रकम आपके तब काम आएगी जब आपका उद्योग पूरी तरह धराशायी हो गया होगा, बंद होने के द्वार पर खड़ा होगा और जब आपको पैसे की आवश्यकता होगी लेकिन कोई आपकी मदद के लिए आगे नहीं आएगा।

दूसरे शब्दों में, हमारी बताई हुई वित्तीय व्यवसाय निरंतरता योजना (Financial Business Continuity Plan) निरंतर आपके व्यापार, परिवार और वृद्धावस्था की रक्षा करेगी।

प्रोस्पेक्ट: यह सुनने में अच्छा लग रहा है। हम आगे बढ़ सकते हैं।

दोस्तों, यह एक प्रबल हाँ थी। उन्होंने मेरे प्रस्ताव को वास्तव में तार्किक (logical), और जिसे मना करना मुश्किल हो (Irresistible Offer), ऐसा पाया।

अब बाकी सिर्फ एक औपचारिकता बची थी।

121 लाख रुपए का चेक सौंपा गया और सौदा सफलतापूर्वक सील कर दिया गया।

अध्याय 23

एक धन्यवाद पत्र जिसका मूल्य एक मिलियन डॉलर हो सकता है
A Thanks Letter Worth Million Dollar

खरीदारों के दिल में एक स्थायी जगह बनाने के लिए इसका उपयोग जरूर कीजिए।

इस तरह मैं अपने ग्राहकों के साथ स्थायी व्यावसायिक संबंधों को और गहरा बनाता हूँ।

विषय (Subject): हम आपके धन के ट्रस्टी हैं।

श्रीमान,

हमें आपकी सेवा करने का मौका देने के लिए हम आपके आभारी हैं।

हमारी सलाह के आधार पर, आपने एक तरह से अपने परिवार के उन सदस्यों के लिए एक **ट्रस्ट (TRUST)** का निर्माण किया है, जिनका वित्तीय मूल्य 150.00 करोड़ रुपये से अधिक है!!!

और, आपने हमें इस अमूल्य संपत्ति का **ट्रस्टी (TRUSTEE)** बनाया है।

आपके परिवार की सुरक्षा और भलाई की जिम्मेदारी **अब हमारी** है।

कभी-कभी व्यावसायिक जीवन की इस भागम-भाग (व्यस्तता) में हम पूरे जोर-शोर से **धन्यवाद** नहीं दे पाते हैं।

लेकिन आप निश्चिंत रहें, आपके हित के विपरीत कभी कोई काम नहीं होगा। हमारा उद्देश्य केवल आपको खुश और संतुष्ट करना ही है।

यह हमारा सौभाग्य है कि हमें आपकी सेवा का मौका मिला।

सादर,

-रणधीर भल्ला

और मुझे अपने ग्राहक से मिला उत्तर इस प्रकार है–

प्रिय श्री रणधीर भल्ला,

श्रीमान, आपके मूल्यवान प्रयास से हमें बहुत खुशी हुई और इसके लिए हम दिल से आपके आभारी हैं।

दिल से सराहना करते हुए हम आपको भविष्य के लिए शुभकामनाएँ देते हैं और आपके साथ-साथ आगे बढ़ने के लिए तत्पर हैं।

भवदीय

अध्याय 24

पुनर्कथन
Recap

आ हा !!!

आखिर में हम अंतिम पड़ाव तक आ गए हैं तो चलो हमने अब तक जो सीखा उसे पुन: दोहरायें।

1. समय हमारी परीक्षा ले रहा है। फिर भी, बाजार में पर्याप्त मात्रा में धन है। वर्तमान संकट को एक महान अवसर में बदलना अब सिर्फ हमारे ऊपर निर्भर है।

2. वर्तमान महामारी ने जोखिमों से निपटने के उपकरणों का महत्त्व तेजी से बढ़ाया है। हमें इसे आशावाद की नजर से देखने की जरूरत है।

3. खरीदारी का माहौल बनाने के लिए हमे अपनी मार्केटिंग रणनीतियों को शीघ्रता से बदलने की आवश्यकता है।

4. एक सलाहकार के रूप में हमारी मुद्रा सिर्फ विश्वास है। चालाकी न करें, केवल प्रभावित करें।

5. एक सामान्य विक्रेता की तुलना में आप भीड़ से अलग खड़े हुए एक विशेषज्ञ के रूप से पहचाने जाने चाहिए ताकि आप लोगों को आकर्षित कर सकें।

6. आपको कभी भी नई चीज सीखना बंद नहीं करना चाहिए। ऐसे लोगों से सीखें जो वास्तव में विशेषज्ञ हैं या जिन्होंने पूर्णतया समर्पित बड़ी बिकवाली (Hardcore Big Selling) की वास्तविक दुनिया का अनुभव किया है और जिनमें आपका हाथ पकड़ कर मुकाम तक ले जाने की क्षमता हो।

उन लोगों से हरगिज नहीं सीखें जिनके पास सिर्फ किताबी ज्ञान है।

अध्याय 25

दोस्तों आपके पास दो विकल्प हैं

Friends You Have Two Choices

आपके सामने दो विकल्प हैं–

1. इसे स्वयं करें और हर मुकाम पर विजय प्राप्त करें।

या

2. मेरे साथ जुड़ें और सुनिश्चित करें कि इसे आप सही तरह से कर रहे हैं।

विशेषज्ञ लोगों से ही सीखें

आप किससे क्रिकेट सीखना चाहेंगे?

एक क्लब क्रिकेटर   या   सुनील गावस्कर

अध्याय 26

यह मेरे कुछ प्रशिक्षुओं ने मेरे बारे में कहा है

This is What a Few of My Trainees Have Said

मैं मेरे प्रशिक्षण कार्यक्रमों में हिस्सा लेने वाले प्रशिक्षुओं का आभारी हूँ, जिन्होंने तहेदिल से उन्हें चैंपियंस बनाने के मेरे अगाध प्रयत्नों को सराहा है।

रविन्द्र कुमार
क्षेत्रीय प्रबंधक, भारतीय जीवन बीमा निगम (LIC)

दोस्तों,

यह सचमुच जादुई है!

मैं आप सभी के साथ कुछ साझा करना चाहता हूँ।

पिछले 2 महीनों के दौरान, मैं नियमित रूप से श्री रणधीर भल्ला जी के प्रशिक्षण सत्र में भाग ले रहा हूँ।

इस कार्यक्रम में प्रदान किया गया ज्ञान वास्तव में अंतर्राष्ट्रीय स्तर का है।

अपने पूरे कैरियर में मैं कभी भी किसी ऐसे प्रशिक्षक के संपर्क में नहीं आया जो पूरे बीमा समुदाय के उत्थान के लिए बिना कोई चीज छुपाये सिर्फ एक लक्ष्य के साथ अमूल्य ज्ञान बाँटता हो।

मैं वास्तव में मेरे सामने हो रहे बदलाव का गवाह हूँ।

***

रमेश दमानी

देश के प्रमुख जीवन और सामान्य बीमा सलाहकार, कोलकाता

"यह सिर्फ शानदार है!!!

अपने जीवन के किसी भी चरण में सीखना अपरिहार्य है।

यह वास्तव में मेरी सफलता का राज है।

बस जुड़ जाइये और इस Training से बेपनाह सीखें।"

***

भूषण सुहास लिमये

मुंबई, अखिल भारत में 15वीं रैंक

"श्री रणधीर भल्ला द्वारा पढ़ाए गए शैक्षिक ईमेल मार्केटिंग और उनके द्वारा सुझाए गए संपूर्ण प्रक्रिया चार्ट वास्तव में अविश्वसनीय हैं।

यह बस एक "शानदार" अनुभव है!!!

इससे मेरे व्यवसाय में एक जादुई बदलाव आया है। मेरा व्यवसाय निरंतर बढ़ रहा है।

सितम्बर 2020 के महीने में ही मेरा कुल प्रीमियम (Total FP) ₹8.00 करोड़ से अधिक जमा हुआ है।"

***

भाऊराव यशवंत पिंगले

देश के प्रमुख जीवन और सामान्य बीमा सलाहकार, नासिक

"3 दिनों के भीतर ही मुझे पारंपरिक योजना में 18 लाख प्रीमियम (FP) मिला...

श्री रणधीर भल्ला जी पुरानी विश्वास प्रणाली को बदलने की कोशिश कर रहे हैं ...। WIN: What is New??? (इसमें नया क्या है???)

– नई सोच...

– नया शक्तिशाली स्व-वार्तालाप...

– महीने के अंत तक मेरा COT घोषित हो जाएगा...

भल्ला सर को धन्यवाद"

***

श्री हिमांशु शाह

मैं वडोदरा से SR.DM के रूप में सेवा-निवृत्ति हुआ हूँ।

मैंने आपका पूरा कार्यक्रम देखा।

'उत्कृष्ट' के अलावा कोई शब्द नहीं। मैं इस प्रयास में आपकी शानदार सफलता की कामना करता हूँ।

धन्यवाद

***

जी.पी. शर्मा

सफल बीमा विक्रेता, चंडीगढ़

"आपकी ट्रेनिंग मेरी जीवन रेखा है।

अन्यथा मैंने बड़े व्यवसाय की उम्मीद खो दी थी।

महोदय, आपका बहुत-बहुत धन्यवाद!

मैं बहुत उत्साहित हूँ।"

***

किरण कुमार अंबाला

सफल बीमा विक्रेता, मुंबई

मैंने 1999 से चली आ रही अपनी एजेंसी के पिछले 21 वर्षों में लगभग सभी प्रशिक्षकों की कार्यशालाओं में भाग लिया है।

आप भारत में एकमात्र ऐसे व्यक्ति हैं जो हमें अपने भीतर और बाहर की लड़ाइयों को जीतना सिखा रहे हैं...

आप हमारे देश के उन मुट्ठी भर लोगों में से हैं जिन्होंने अल्ट्रा एच.एन.आई. के समक्ष बेचने की कला को डिकोड किया है...।

लेकिन एकमात्र सिर्फ आप ही हैं जो इस व्यापार रहस्य (Trade Secret) को अपने क्षेत्र के लोगों के साथ खुले दिल से साझा कर रहे हैं।

श्री रणधीर भल्ला जी! हम आपको पर्याप्त धन्यवाद भी नहीं दे सकते। बस आशा करते हैं कि इस कोर्स से परे हमारा जुड़ाव सदैव आपके साथ बना रहे।

शुभकामनाएँ.... बहुत सम्मान.... बहुत-बहुत आभार आपका.... ढेर सारा प्यार!

***

अध्याय 27

हमारे परम बिक्री कौशल प्रशिक्षण कार्यक्रम
Our Ultimate Sales Skills (USS) Training Programs

यदि आप मेरी दुनिया में आने के इच्छुक हैं तो हमारे अल्टीमेट सेल्स स्किल्स (यू.एस.एस.) प्रशिक्षण कार्यक्रम में शामिल हों जाएँ।

आप इस कार्यक्रम में क्या सीखेंगे?

यह कार्यक्रम अनिवार्य रूप से बदलाव (Innovation) पर केंद्रित है।

यह आपके साथ उन अद्वितीय उपकरणों और तकनीकों को साझा करके वांछित बदलाव लाने के लिए डिजाइन किया गया है जो दुनिया के सर्वश्रेष्ठ बिजनेस स्कूल्स में पढ़ाई जाती हैं।

मैं उन सभी चीजों को साझा करने जा रहा हूँ जो मैंने अपने पिछले 45 वर्षों के कॉर्पोरेट अनुभव के दौरान सीखी हैं।

यह कार्यक्रम आपको यह समझाते हुए अगले स्तर तक ले जाने के लिए बनाया गया है–

1. पैसा कहाँ है।

2. पैसे वाले लोगों का पता कैसे लगाएँ।

3. खरीदारों के साथ चिरस्थायी संबंध कैसे बनाएँ।

4. ऐसा माहौल कैसे बनाएँ जिससे आपके संभावित ग्राहक (Prospects) आपके CONCEPT को खरीदना पसंद करें और वह भी केवल आपसे ही ले।

5. कैसे आप एक अनूठा प्रस्ताव तैयार सकते हैं जिसे ठुकराना नामुमकिन हो।

6. और अंत में, उनसे आगे अपने लिए संदर्भ (Recommendation) कैसे प्राप्त करने हैं।

दोस्तों, मैं आपको आश्वस्त करना चाहता हूँ कि इस पूरे पाठ्यक्रम को आपके व्यक्तिगत और व्यावसायिक जीवन में बहुत बड़ा मूल्य जोड़ने के लिए डिजाइन किया गया है और इससे आपको अपने उन सभी लक्ष्यों और आकांक्षाओं को प्राप्त करने में मदद मिलेगी, जिनके बारे में आपने अभी तक सिर्फ कल्पनाएँ की हैं।

यह यकीनन आपके अपने जीवन में आपके द्वारा लिए गए सर्वोत्तम निर्णयों में से एक होगा।

बस अब आप सही निर्णय लेने में न झिझकें।

> "कभी-कभी एक छोटा निर्णय भी आपके
> जीवन को हमेशा के लिए बदल सकता है।"
>
> –केरी रसेल

हमारे प्रस्तावित प्रशिक्षण कार्यक्रमों के बारे में और अधिक जानने के लिए कृपया हमसे निम्न प्रकार संपर्क करें–

ईमेल आईडी–randhirbhalla1950@gmail.com

मो.: 9376117563, 8141117563

एक्शन के लिए कॉल
CALL TO ACTION

मैं अपने प्रशिक्षण सत्रों के द्वारा आपको इस बात की शिक्षा देना चाहता हूँ कि ₹100 करोड़ और अधिक का बीमा कैसे बेचा जाए। मुझे पूरा विश्वास है कि ये प्रशिक्षण सत्र आपके लिए एक ऐसे यादगार अनुभव साबित होंगे जो आने वाले महीनों, वर्षों और हमेशा के लिए आपको खुशी प्रदान करते रहेंगे।

नीचे उस बोनस का फॉर्मेट प्रस्तुत किया जा रहा है जो सिर्फ मेरे पाठकों को दिया जाएगा:

सबसे पहले सब्सक्राइब करने वाले 1000 व्यक्तियों के लिए बोनस:

1. श्री रणधीर भल्ला द्वारा प्रदान किए जाने वाले, मूल्य ₹**43000** के बराबर के, 2.5 घंटे प्रत्येक के 2 प्रशिक्षण सत्र, नि:शुल्क प्रदान किए जाएँगे।

और

2. दो नि:शुल्क संयुक्त कॉल्स जो कि **अनमोल** हैं।

यह ऑफर सीमित समय के लिए है क्योंकि जब भी सीटें भर जाएँगी तो इस ऑफर को बंद करने के अलावा मेरे पास और कोई चारा नहीं होगा।

इसलिए कृपया अभी बुक करें:

इस संबंध में नीचे दिए गए मोबाइल फोन नंबरों पर अथवा लिंक्स पर व्हाट्सैप मैसेज भेजकर अपना नाम, शहर का नाम तथा मेल का पता रजिस्टर कराएँ:

 8141117563, 9376117563

 randhirbhalla1950@gmail.com

 http://www.randhirbhallaandassociates.com/

 https://www.youtube.com/watch?v=JbYEufVoNnM

हमें आपके शीघ्र उत्तर की प्रतीक्षा रहेगी ताकि ऊपर कही गई बातों के बारे में ठीक से समझ बन जाए।

सादर,

रणधीर भल्ला